সেটজের পাশেই স্বয়ংসিদ্ধা

পলাশ চৌধুরী

pencil

ISBN 978-93-5667-886-6
© Palash Choudhory 2023

Published in India 2023 by Pencil

A brand of
One Point Six Technologies Pvt. Ltd.
Unit no. 26, Ground Floor, Building A1,
Wadala Truck Terminal Road,
Near Post Office, Antop Hill, Mumbai - 400037
E connect@thepencilapp.com
W www.thepencilapp.com

DISCLAIMER: *The opinions expressed in this book are those of the authors and do not purport to reflect the views of the Publisher.*

Author biography

পলাশ চৌধুরী নতুন এক লেখক

CONTENTS

স্টেজের পাশেই স্বয়ংসিদ্ধা
পলাশ চৌধুরী

STAGE ER PASEI SWAYANGSIDDHA
A Collection of Bengali Poems
by Palash Chowdhury

প্রথম প্রকাশ
মে, ২০২৩

প্রচ্ছদ
পলাশ চৌধুরী

স্বত্ব
পলাশ চৌধুরী

সজ্জা ও বিন্যাস,
পলাশ চৌধুরী, ৭৪০৭৩০৫৮৮৫

মুদ্রণ
Self-publishing

সর্বস্বত্ব সংরক্ষিত

মূল্য : ১২৫ টাকা

ভূমিকা

আমার অজস্র বিদঘুটে অকবিতার জন্য কেবলমাত্র আমিই দায়ী----

একটা ইগনোর ইগোর রেস্তোরাঁ বরাবর হাঁটছি, অহেতুক মাথা ব্যথা, ছুটির বাক্সেটে কুড়িয়ে কুড়িয়ে রাখা, আর অসংখ্য খুইয়ে যাওয়া অতীত।অসামঞ্জস্যের যে রিল ভেসে চলছে দেওয়াল কলায়। ঘুটঘুটে সকালের প্রান্তে বসে আমি সেই সমস্ত অকবিতার অক্টোবর লিখে রেখেছি। মানুষকে ভীষণ নয়, ভাষন দূর্বিষহ হয়ে উঠলে, আমি আঁচড় কেটে কলম বানিয়ে ফেলি। কবিতা যাদের সম্ভ্রম হয়ে থাকলো তাদের মেঘলা চিতা দেখে অট্টহাসি বেরিয়ে এলে, আমি প্রিয়তমাকেও প্রয়োজন বানিয়ে ফেলি।

লেখা যখন লিখতে আসি ততটা তত্ত্ব, ততটা বিশ্লেষণ বা ছুটির জল্পনা এসব কিছুই বুঝতাম না। বুঝতাম না এসব ধারাগোল মানুষগুলো, চেয়ে চেয়ে থাকছে যারা, গাছ বা তার ছেঁড়া ছেঁড়া অলিন্দে লেখারা তাকিয়ে তাকিয়ে দেখছে, দেখার চিনচিনে জিন এড়িয়ে যায় না যাদের, তারাই দেখে, তারাই তো লেখে।

বিভোর বা অন্যমনস্কতা, পাগলামি বা একগুঁয়েমি এসবও প্রায় অধরা ছিল তখন, অথচ লিখেছি, দেখেছি, নিজেকে কবি ভেবেছি। আর যত পেরিয়ে পেরিয়ে এসেছি ততই নিজেকে অস্বীকার করেছি---

নিষেধ একটি গাছ
এবং
তা হতে ঝরে পড়ে
কেবল শীতার্ত পাতাগুলি

উৎসর্গ

অ-কবিতাই যাদের সম্ভ্রম হয়ে থাকলো, লেখার ও দেখার চিনচিনে জিন এড়িয়ে গেল না যাদের এবং আমার মেয়েকে

সূচীপত্র

প্রেম'কে

মনের মধ্যে প্রায় আড়াই বছর বহন করে চলেছি এই নদী
যার কোনো সোজাসাপটা নেই

প্রেম বলতে একটা খাল

যার দু-পা'র বিরুদ্ধবাদ
সেখানে প্লুটো জন্মানো নিষেধ

কথনসেদ্ধ

১

অনেকটা ভোরের পর, অজস্র ধানের ভিতর থেকে একটা প্রাণ ভেজানো হচ্ছে, আমি দেখছি, কিছুটা জবজবে রকমের, ঘেমে নেয়ে যাচ্ছে প্রায়, এমনই একটা গর্তের উপর খানিকটা মাটি ছেটানো, সৌখিন নয়, অথচ তাকে উনুন বলে ডাকা হচ্ছে

২

একটা রুপোলী কড়াই চাপানো উনুন, পিছন থেকে কালি হয়ে আসছে, যেমনটা জীবন, জন্ম দিয়ে সেচন, বাড়তে বাড়তে যাপন, এভাবে জীবন থেকে জীবাশ্ম আস্তে আস্তে

৩

দু'পাশে বাষ্প উঠছে, সোঁ সোঁ শব্দ আসছে ভিতর থেকে, একটা অদ্ভুত চ্যাপ্টারে পৌঁছে যাচ্ছে ধানকড়াই, আর জ্বালুই শুধু কান পেতে মেপে নিচ্ছে ভাপ

৪

দেখতে দেখতে অজস্র প্রাণ সেদ্ধ হয়ে আসছে, আর

জীবন ফেটে একটা একটা ভাত বেরিয়ে আসছে,
চারপাশে তাকিয়ে তাকিয়ে দেখা, জল চইচই বাগান, দিন
ছুটছে দীন, প্রাণ ফুটছে, আর সেই ছোট'র থেকে আমি
ভুল গুনছি, এক এক্কে দুই

৫

উনুন নিভছে, আর অনেক অনেক ধোঁয়া মিলিয়ে যাচ্ছে
একটা গ্যালাক্সিতে, মাঝেমধ্যে এরকম একটা একটা
সময় ফিরে আসে, এই মিনিট ছেলেমি, আর শুধু দুপুরের
ধূ ধূ ছুটছে

স্পন্দন

মরুচিকারও প্রেম হয়, লাম্পট্য আসে
যতক্ষণ রৌদ্র থাকে, উত্তাপ থাকে
সূচের আগা দিয়ে একটা সুতো পারাপার হয়,

কয়েকশো মানুষের ছোটাছুটি
একটা ট্রেন হাওড়া শিয়ালদা করতে করতে
হঠাৎ সূর্য ডুবে যায়।

অঙ্গুহলি

১

তোমাকে লিখে ফেলার চেষ্টা করছি না আজকাল
তোমার গন্ধও না

এমন একটা বেহেট প্রেমিক পাওয়ার দরুণ
তোমার কোনো অপচেষ্টাও থাকবে না

শুধু অঙ্গুহলি ---
'খেলার নির্জাস
পাতা থাকবে বেহায়া বারান্দায়

২

অনর্গল ঝরতে ঝরতে
একদিন মাটিতে শুয়ে থাকবে আমার মাংসপিণ্ড

তাকে আঁকবো না

নিরাকার হবে তার সব দৃশ্যের ঝাঁ

তোমাকে আঁকতে পারার দরুণ ছুঁয়ে নিয়েছি

তাকে ছোঁয়ার কোনো গল্প থাকবে না

এক পা
এক পা
সে হাঁটবে

তুমি শুধু তার আঙুল ধরে---

'দেখবে

তার পায়ের বেসুরো আন্দাজ
মিলিয়ে যাচ্ছে আমার চোখে

আন্দোলন

সম্পর্কযান

১

স্মৃতির পর্দা শেষ হলে
দূরে দাঁড়িয়ে থাকে যে আলো
আমি তার নাম রেখেছি উজান।

২

যার চলে যাওয়ার পর প্রেম ভুলেছে ভলক্যান
তাকে নাম দিই না
বলি ফসফরাস।

৩

যে প্রেমেন্দ্র কথা শুনেনা
যার চাঁদ উজানে কাঁদায়
তার জন্যই রেখে গেলাম সম্পর্কযান।

জলচাবিটির হেলানো সূর্য

১

আর দ্যাখো এই জলচাবিটির নীচে আর হেলানো সূর্য ওঠার নয়, বত্রিশ বছরের পুরনো হলেও, বাজপড়া নারকেল গাছটির আর পাতা গজাবে না, শুধু অদ্ভুত, অদ্য-ভূত, সদ্য ভূমিষ্ঠ হওয়ার আগে, একবার প্রচলিত বাতাস বইবে।

২

আর এই বদ্ধ বিদ্ধরা কেউ কেউ উন্মাদ হয়ে গেছে, চালানামা একটা রিমোট ঘরের মটকা খুঁটে খাচ্ছে পায়রাগাছা, ঘটনা বলতে লতার ভিতর থেকে ক্লোরোফিল বন্ধ করে দিচ্ছি আমি, আর ক্রমশ তিরস্কার হয়ে যাচ্ছে বৃক্ষনির্যাস।

৩

বাতাস বইছে, বাতিল হলেও জলছাপ মাখা সহযোগিতায় হাঁটার পদক্ষেপ ভুলে যায়নি ঘুঘুদয়, ঘুরছে ফিরছে আর,আমাদের জানালায় ঠোক্কর দিয়ে বুঝিয়ে দিচ্ছে, প্রকৃতি না ভাবলেও আমি ওদের কথা একদিন খুব ভেবেছি।

৪

একটা নদী কেটেছি কিছুদিন আগে, নিজস্ব নদী, সূর্য ওঠার পর না হলেও, রোজ সূর্য ডোবার পরে, অন্ধকার খুব গাঢ় হয়ে এলে, আমি সেখানে ডুব দিই, ক্রমশ উঠছি নামছি যখন, খুব মৃদু হলেও, তখনই আমার নিজস্ব স্বর ফোটে।

৫

একটা বছর হয়ে গেল প্রায় সূর্য বিশ্রাম নিচ্ছে, আমি জলচাবিটির নীচে বুনে দিয়েছি নিজস্ব সেলাই, চাবিটি ভাঙলেও, সেলাইয়ের সৌখিনতা পেরিয়ে, সূর্য বেরিয়ে আসতে পারেনি কবেও, চাবির ছিদ্রের কাছে সে আসে, হেলান দিয়ে বসে, সেলাই প্রদক্ষিণ করে, ফিরে যায়, তৎক্ষনাৎ বিজ্ঞাপনের মতো বৃষ্টি ঝরা শুরু হলে, বুঝতে পারি সেলাইগুলো আমারই মতো, ওরাও জানে সূর্যসফরের চেয়েও নিজস্বতা বেশি শক্তিশালী।

বিকেল কথন

বিকেল কথন

১
এই তো বিকেল

দাঁড়িয়েছে শিশু

অনেক তো গাঁও

ঝলসেছে নাওয়া কাক

মৃত আর কতইবা

ওই তো গালিব সাঁকো

এপারে তন্দ্রানামার ওপার জাগার

কথার মতোন অণু
দাঁড়িয়েছে শিশু

এই প্রান্তর, এই ঈশানীর ডাক
মুঠোভরে রেখে যায় অপ্রস্তুত।।

২
তথাপি সূর্যাস্ত আগলে রাখার আপেল

প্রয়াণ প্রণালিতে গত হেয়ালির কোকিল

মাঝা হচ্ছে পুরাতন প্রণামী

এতক ভোঁ দৃষ্টির প্রতিবেশী

শিশুটি বিকেল দ্যাখে

উড়ে যাচ্ছা মাঞ্জার ডোর

বাবা পাতায় পাতায় লিখে রাখছে সলতে কথন

আরো কত গাঁতাহাস্য, ফিসফাস

শিশুটি শেষ সূর্যতাপ মুঠোভরতি করে

সন্ধ্যারাগ কামড়ে বলে

তোমাকে আঁকড়ে নেওয়ার তিথি ভেবে আমাকে চিনল
না যারা
আমি তাদেরই প্রারন্ধ প্রতিনিধি।।

হঠাৎ জ্বলে ওঠা

১
যাকে ধরতে গিয়ে এতটা ছোটা,
তার আর আলাদা কই

'ভালবাসছি'
এটুকুই তো
ভালবাসার জন্যই এত নিঃসঙ্গ সবাই

কোনো হঠাৎ অতীত সামনে দিয়ে পেরিয়ে যাবে

তাতে কী

জ্বালানী না থাকা
একটা যন্ত্র
আস্তে সুস্হে মানুষ হচ্ছে
এর বেশি কিছুই নয়

ভালবাসছি

২

আপাদমস্তক তুমি হয়ে যেতে এখন আর ভাবতে হয় না

এই শ্যামল জ্বলুনি
ধূসর প্রেম
এই আছি

তুমি বলছ আছে তো অনেক সময়

চুমুর চোখে পরিষ্কার দেখলাম
না পাওয়ার আক্ষেপ তোমারও শিরা-উপশিরায়

ঠিক যখন সন্দেহের চোখ ঝলসে উঠছে তোমার

আমি ভাবছি
ভালবাসছ
প্রেম আর এর চেয়ে নতুন কী

আর কোনো হঠাৎ ভোরে
আততায়ী হয়ে যেতে ইচ্ছে করবে না আমার
এর চেয়ে বেশি আর কী চাও

অর্ধেক আমি তুমি হয়েছি
অর্ধেক তুমি সরিসৃপ

'শান্তি'

জীবন বলতে

বাঁচার ভিতর এই তরল ঢেলে রাখা
আজ আছি বলেই তো লিখছি

লেখার ভিতর এই জীবন ছড়িয়ে বাঁচা
তরল বলেই তো গড়িয়ে দিচ্ছি

তবুও ঘুমের ভিতর যারা বলছে
আর না। আর না।

জাগুক তারাও

আমি তো জীবন বলতে শুধু
ঘুমের শেষে এক অক্লান্ত পথিকের
এগিয়ে যাওয়া দেখেছি---

ভোজনের জীর্ণতা

এসো বসে পড়ি

পাখিহীন হই

অপরাধের পুনরাবৃত্তি হোক
ভোরের অশান্তির মতো

জিরা লেগে থাকা এই উত্থানে

পতনের

সেই কালো ঘুম,

আর নেই

স্ফটিক হৃদ-পেয়ালায় ঢালে
খননের দায়িত্ব নিল না যারা

এসো বসে পড়ি

কঠিন নয়,
জটিল হয়ে ফিরে আসুক

আমার অন্ধকার

আমি ভোর হতে জিরা খুঁটে
জীর্ণ ভোজন পেতে চাই

গুটিকয়

এরকম মৃত্যুকার দিনগুলি আর ডুববে না, প্রেম,
ভালবাসা, এসব অতীত হতে হতে ধুলোয় মিলিয়ে যাবে
একদিন, শুধু দুঃস্বপ্নের সফেদ রুয়ে রুয়ে, এভাবে
একদিন, এক-এক দিন, বেঁচে থেকেও আমরা নিস্তব্ধ
হয়ে যাব আরও

২

আমাদের নিম্নস্নাতক ভোরবেলা পেরিয়ে যেরকম
বেড়িয়ে যাচ্ছি রোজ, অল্প চাতুরী, মনে পড়ে যায়
শুভ্রাদির ম্যাপপয়েন্টিং ক্লাস, ছড়িয়ে যাওয়া মিসডকল,
আরও আরও কত যে (কী), গুলিয়ে ফেলছি সব,
শান্তিবৃক্ষপাতায়বেষ্টিত বিশ্বমানচিত্র, জলপাইপাতাবেষ্টিত
ঘুগনি রুটিন, কত যে কিছু অতীত, অতিথি বলতে এখন
জানছি--- সবই ই-স্কুল সম্প্রীতি

৩

পড়ার কী আর বৈচিত্র্য নতুন, আমার তো নেশা হয়,
পড়তে পড়তে নিরর্থক দেখা 'সুহাসিনী পোমেটম',
বিস্তারিত জানতে কতটা আর পড়তে হয়, যতসব
যাচ্ছেতাই থিসিস, এই যাচ্ছেতাই নেশাতেই শ্রেফ

খেলাপড়া হয়, যে জন্য পড়ি তাই কি মহৎ নাকি, আমি শুধু এটুকু জানি, যতটুকু পড়ি সেটুকুতেই খুলে যায় 'নিম অন্নপূর্ণা'র শাড়ি।

৪

সেসব নিয়ে কথা বলার আজ আর বিশেষ প্রয়োজন হয় না, সেই কবেই তো লিখেছিলাম তাকে, যার সাথে নাড়ির জোগ তাকে ছেড়ে বেঁচে আছি আর তুমি তো আগন্তুকদের সন্ধ্যাসেপাই, হয়তো রাগেই, তুমি আজও পড়ে দেখোনি আমার সে তথ্যবিভ্রাট, পড়লে বুঝতে, প্রেম শুধু নিশ্চিহ্ন হয়ে যাওয়া পর্যন্তই ভাল হয়

৫

কেন লেখা? নিজেকে হারিয়ে কত অপর জমাতে হয়, তবু যে লেখার অসতর্ক অভ্যাস, এত অভিযোগ, অজ্ঞতার বারান্দায় আনাগোনা, এত নিষিদ্ধ রুইছি তবু বিরক্ত আসে না, ভাবচুরির এই কুয়াশা সাইকেল, এত ঘোরাঘুরি, তবু ক্লান্তি আসে না, শুধু কি ক্লান্তি না আসা, আসলে আয়নার চেয়ে বেশি সত্যকথা নিঃশ্বাসও বলে না

অথচ কিছুই না

একদম হন্যে একটা দিনে
নরম হলেও ভাষন তো

হুমকি নেই
শুধু বিষন্নতার বুদবুদ নিয়ে ছেলেখেলা

একটা দারুণ অভ্যেস আমার সবদিনের
গোপন করি, গুপ্ত ওম লালন করি
জীবনকে প্রায় ভুল প্রমাণ করতেই
প্রতিদিন মিথ্যের সংসারে গড়াগড়ি

অনেক গুটি
যাদের স্পর্শেও একটা জ্যান্ত উৎসব

এগিয়ে চলি,
এগিয়ে এগিয়ে দেখি,
দেখি শুধু ভঙ্গের ভিরমি ঘড়ি

নিজিস্নিগ্ধ তল

আমাদের গাছবাড়ি ঝোপ ঝোপ সার সার
ঈবের আহুতি দেওয়া আদিম ভাঙানো আদম

খেলার সুযোগ পেলেই
কাবাডি কাবাডি খেলে

গাছ ফোটে, গাছ ছোটে
হরিণ ধরে না কেউ

ঝিমুনি সরল তাঁতে
আমি লিখি বাবা
বাবা লেখে আমি

অজস্র কিতকিত ছুটে এলে
মা বুনে দেয় পাতা

দেহ-বায়ু-যোগাযোগ

১

যেভাবে গলন এলে জানালা জড়ায়
বিয়োগ এলে বিয়োজন হয়

সেভাবেই
মাঠ পুড়ে গেলে
মাঠ হয়ে যায় মাটি

আর এক একটা প্রলাপে
অনন্ত জুড়ে যায়

২

কত অশান্তি দেখে শান্ত হয়েছে পায়রা
চিৎকারে চিনেছে প্রেয়সীর চিলেকোঠা

যেভাবে আলাদা আলাদা বিরামে
বিড়াল ছুটে, ঝুরি নামে বট'এ

সেভাবেই একটা একটা নিয়ম দেখে
ভাঙে ঘুম, হাঁটে অভাগীর কাকতন্দ্রা

৩

যতটা জড় হ'য়ে হারিয়েছে দেহ
বে-নি-য়া-স-হ-ক-লা

জড়িয়ে আশিনের দালান

দ্যাখো লতায় লতায় বেজিয়ে
মানুষ হয়ে যাচ্ছে পথ

তবুও টোটেম

১)

কোন্ গর্বের সাথে মিলিয়ে আঙ্কারা হয়েছে শিশু! ব্লাড ভরা বিহেভ শিকার, সংক্ষেপে বলবেন, আমারা শুনবো, অনুজীবের ব্যালকনিতে এসে দাঁড়ালে, গড়িয়ে গড়িয়ে পড়ে গত জন্মের পাপ।

২)

ময়দানে অবস্থান খেলে, আপনারা অভিশাপ ভাবেন, একটা সার্টিফাইড ফটোকপির চেয়েও, আপনার বিলিভে বিলুপ্ত অক্সিজেন মার্চ করছে আপনারই,

৩)

দুরন্ত কো-পাইলটের নির্বাচনে, অযথা একটা রাতকে দায়ী করা, নিজের চেয়েও বিশ্বস্ত বেইমান দেখেছেন কোথাও?

৪)

বিলিয়নি সরলের সরস অংশটুকু অধিগ্রহণ শুধু আপনার-ই তো! কি না গসিপ্স সেঁধিয়ে ছিল ওই ত্যাঁদড় জয়ের, নিজেই আর্তি ঝরালেন।

৫)

এই তো দেখুন ভিজে উঠেছে চিত্তাকর্ষক বিষয়, অহেতুক
বাতাসে কক্ষপথ ছিটকে বেরিয়ে আসছে নিজস্ব নদী,
যার রুক্ষতায় একদিন বানিয়েছিলেন গায়ত্রী ভূমি,
আসলে তারই স্রোতের পাশে বসিয়ে রেখেছেন আপনার
নিজস্ব টোটেম

স্বেচ্ছারঞ্জক

কত কাকলী বিভূতি পার্বত্যের
পুরুষ জাগাতে এতক ডাঁশা ডালিমের নারী।
হরিতকি ভার। বহড়া, বাখড়, যতেক নীশাহার,
    এসব প্রতিশ্রুত বিলাপ।

আমরা স্বল্প শহর
বাহিত অঢেল
অনর্গল হরিতকি সেপাই,

অচেনা বাহনশৈল, নিভু তিয়াসের বিপ্লবী
রাঙতা চুলের পাঞ্জায়,
        স্থাপিত জলজ ঈশ্বরী।

সমঝিয়ে চলে যাওয়া যায়
            অগতির রিসোর্ট।

এ পুরুষ ভেজাতে নারী, সরিও পাতলা আঁচল।

রিদম নির্ভর

১
এহেন পায়রা সফেদ
চূর্ণ বিস্ময়

পাতাটি নড়ছে
এতোই শিশিরে আশ্রয়

তমসা ব্লেড পা মাখা
হে রিদম নির্ভর
ভ্যাঙানো পহেলি

এইতো প্রথম যেন
গা
গা

আশ্রয়

২

এবং সে যাত্রা নির্ভর

গঠিত স্থবির

ঘটিত ঘা
জমাট এমন ক্ষুধার্ত ভয়

প্রান্ত নাম
এতটা করুন হয়
ভাবের ঊর্ধ্বে আশ্রয়আশ্রয়

সিলেবাসে ঘুম বসে

আশার ওয়াসার পাশে
টিমটিম
টিমটিম
বাষ্প বয়

৩

যেমন বেদাগ ক্ষুধা
ক্ষুব্ধ প্রশ্রয়

বেজার জারণে
চাওয়াটাই বড় হয়।

পাওয়ার ইচ্ছা টুকু
কোনো স্পর্শ নয়
শুধু প্রতিপদ সঞ্চয়

পহলি দ্বিধায় রাখে
এ তেমন সুর নয়, শুধু
শিশিরে
শিশিরে
পরিচয়

এ তেমন সুর নয়, শুধু

শিশিরে শিশিরে

বায়ুগ্রস্ত

১

বাতাস ভাঙছে, স্বর আসর আর দীর্ঘ খাদে সেঁধিয়ে যাচ্ছে কার্বন, এবং যে প্রহরের মধ্যভাগে দীর্ঘশ্বাস, তার চূড়ায় চূড়ায় পাহারা হয়ে থাকছে ঘাসপাহাড়।

২

জব্দের কারু, যে সিঁড়িটি দৈনিক, পেঁপের অর্ধেক, আকার হয়েছে এবং ক্ষতও, আমি রোজ তার প্রধান পা'য়ে স্পর্ধা রাখি, আর ক্রমশ প্রণালী হয়ে যায় বাদামী গহ্বর।

৩

নিয়ম কুটছে, পরবর্তী অঘটন ধেয়ে আসছে ঘাসের উপর, কর্তব্যের নিদান এতটুকুই, এখানে বৃক্ষ নেই অথচ পাতার দেওয়াল, আর দেওয়াল জুড়ে টিটকিরি রেখে যাচ্ছে প্রায়শ্চিত্ত শহর।

৪

হাওয়ার খাঁচা, জোঁক হয়ে বসেছে করুন প্রস্তাব, যে শাখাটির কান্ডে মনন, প্রাণশৈলী অথবা মনোনয়ন, বৃষ্টি

তার দ্বিতীয় সুখ।

৫

কমহীন বায়ু, শ্বাসের আগের যেটুকু পরিচয়, জৈবিক
আলোড়ন, যতটুকু নাইট্রোজেন দ্রুত হয় হয় শিরা
উপশিরায়,যতটুকু ধমনীতে টগবগে অক্সিজেন, সবই
বেকার অভ্যাস, শ্বাসান্তে ছড়িয়ে ছিটিয়ে যায়, শুধু আত্মা
বা নাস্তিকের কার্বন।

না পারার পদক্ষেপে

এই না পারার পদক্ষেপ গুলি নস্যাৎ হওয়ার নয়

লজ্জা তো অনুরণন মাত্র

তুমি পারছ
পারছ তাদের ধ্বনিত হওয়া সব কথার উত্তরে
আমার বিশ্বাস ফিঁকে হয়ে যাবে না
তার ঝঙ্কার তৈরি করতে

তুমি শুয়ে আছ
আমার অপদৃশ্যে

দেখেও পারতাম যতটা
না দেখেও পারছি ঠিক ততটাই

ভুলছি'ই তো

২
আমার অতীত খোঁজা বারণ

বর্তমান দেখো

যা দেখছ ওটাই আমি
ভেবে নাও
অশান্তির মেঘ পেরাতে হবে না

তুমি পারছ
আমার বিশ্বাস
ভালবাসা
এসব হারিয়ে যাওয়ার আগেই
আমাকে আগলে রাখতে

কথা বলছ

রিষ

আক্ষেপ করার মতো হস্তাক্ষর পর্যন্ত
আমাদের জীবন পুড়িয়ে গেছে,

বসি, ভাবি, জীবন থেকে জীবনী এতই দূর
কীভাবে সঙ্গম হয়?

জল কপাট,
পালটানোর ইস্তেহার,
শিশিরের স্বরগম,
শুরুর আগের গম,

বসে আছি
বসে আছি
একলা কঠোর

হে প্রেতযোনির সারাংশ
হাওয়ায় হাওয়ায় নেতিয়ে পড়ছে তোমার সরণী সংক্ষেপ

গাঁতিদার যিনি

১

অথচ আমি পালিয়ে যেতে পারতাম, এসব সামান্য চিঠির
দুষ্প্রাপ্য টিল, কাদা ছেটাছিটি, বিকাশ বলতে নিরবকাশ
একটা ছিদ্র তাড়া করছে, আমি ছুটছি তবু পালিয়ে যাচ্ছি
না,এই অস্থির, এই বিরাটি গোল, তবু ভুলে থাকছি,
মৃত্যুরও একটা মৃত দেহ থাকে।

২

এই সামান্য, সামনে দাঁড়িয়ে থাকে, নিভু না এই, গোল
অথচ প্রায়শ্চিত্ত নেই, ধর্ম অথচ ধরে নেই, জ্ঞানী অথচ
বিবেকহীন, এত কিছু দেখছি তবু কী ভীষণ সামান্য,
আমি যতটা হয়ে উঠেছি, দ্যাখো তুমি ততধিক ভেবেও
পেরিয়ে যেতে পারছ না আমার অস্বীকার।

৩

কতটা গাঁথা, এত যে খোঁজ এতটা প্লাবন, অসামান্য
তুমি'র শ্রাবণ ঝরিয়ে রাখছ চেয়ারে, কেয়ারে, তবু যারা
স্বীকার করে নিচ্ছে না তোমার তুমিত্ব, তাদের কাছে
তোমার বড় হয়ে ওঠাটা কী অতটাও প্রাসঙ্গিক?

৪

এসব রিমার্কেবল গুটি, ভেবেছ তুমিই সাজিয়ে ভেঙ্গে
দিয়েছ চাল, এই ভেবে নিচ্ছ দিনগুলোতে দিকপাল
জীববিদ হয়ে উঠেছ, আমি অল্পই নশ্বর, মানুষ না হই,
অমানুষ হয়ে উঠেছি এবং দাম্ভিক বর্বর, তুমি কি পেরিয়ে
গিয়েছ তাতেও আমাকে?

৫

এসব দিনলিপি লেখার ইচ্ছে হয় না আর, কতই বা জানি,
যেটুকু আমি, তারই পূজা ন্যাঙটো হয়ে করি, আপোষ
বলতে শুধু এটুকু বুঝেছি, ক্রমশ টুকরো হলে রাত, এসব
অসামান্য দিনেও আমি সামান্য হয়ে উঠি রোজ।

যেহেতু জন্ম আছে

আমাদের তাবৎ ঐশ্বর্য, সঞ্চয় নিয়ে মাথাব্যথা এত

গৃহকোণ ফুঁড়ে
পাঠক হয়ে যায় গরম স্নেহ

সম্পর্কের চুক্তি সাক্ষাৎ
তোমাদের না বলা
আমি নিজেই নিজেকে দেখি
হাসি

ক্রমশ আয়না হলে জল
চোখের নীচে অসংখ্য সমুদ্র কেটে
জমিয়ে রাখি ভবিষ্যৎ নুন

যেহেতু জন্ম আছে তাই
রোজ মৃত্যুর জলে আবহাওয়া শিখি

ক্ষমা লিখি

সাঁঝনামা

সান্ধ্য নয়
এখনই তো শোভা
এই ঝুমঝুম, এই হৃদবেল
এখনই তো চলা

আমাদের প্রিয় পশ্চাতে
আড়াই হাতের খুঁটি
মধ্যমার মহাযশ
আর কি, অনন্ত বিয়োগ

অন্ধকার
টুকটাক আন্দোলন
বাতাস, তীব্র পেয়াদা
আর টুকুটুকু গলন

মুকুট ধরার আগে
কোথা আর ধড় নেই
আনন্দে সেপাই নয়
আনন্দ সেপাইরা বসে আছে

গাছ আছে
পাতা আছে
চৌকি লাগে না এদের
ইচ্ছেতে হেসে নিতে

বর্গ

ক

ক্রমশ
অশান্তি গাঢ় হয়ে এলে
ভালবাসাও মুখ ফিরিয়ে নেয়,

চ

নিয়মিত
না পেয়ে পছন্দের নাগাল
রাস্তাও ভালবাসা খোঁজে,

ট

অসম
একটা রাস্তার মোড়ে
মুখোমুখি দাঁড়িয়ে ভালবাসা ও ভালথাকা,

ত

নিয়ম
নাগাল পেরিয়ে শেষে
অসম বিক্রি মেলায়,

প

নিঃশব্দ
নিরাপদ সড়কের আশ্রয়ে
পরিচয় প্রিয় পরিবার হয়,

সেইসব চলতে চাওয়াগুলো

এইসব বৃষ্টি গুলো চোখেরজল
অসময়ে আলো নিভিয়ে নেওয়া,

এইসব নিয়মের চতুর্থ ওভারে,
আমি ব্যাট ছেড়ে উইকেট তুলে নিই হাতে।

অনেক আগের মুহূর্তে ক্রীজ কামড়েছি
আপাতত তীর্থেই দাঁড়িয়ে লিসবিয়ান স্মৃতি

এইসব বৃষ্টি গুলোই শব
রুশ দরবারে হাজির হয়েছে।

এইসব ফেলে আসা ডাক, বিরুদ্ধ মৌচাক
আমি এদের কাছে একা যেতে চাই।

স্বর্ণগ্রাম পেরিয়ে সেখানে আমার একলা একটা জঙ্গল
হবে,

আর আমি সেখানের একমাত্র প্রজা।

গুচ্ছায়ন

১)হাসি

যেভাবে প্রতিটি ইঙ্গিতে বিগত সৌখিন প্রায়।

২)স্মৃতি

একটা একচ্ছত্র নল,
পুরানো ধামায় ভরে রাখে শহরের বাতি।

৩)হেঁসেল

একটা বাঁধ শুধু
অচেনা গার্গিল শোনার।

৪)আকাশ

সেভাবে নেমে আসলে আলো,
আমি নীলচে রাতেও তোমার প্রণাম ছোঁব।

৫)ভালবাসা

পৃথিবীর পরের একটা ঘর,
গতবছরের পরেও যার জানুতে অদ্ভুত তেজ।

৬)প্রায়শ্চিত্ত

যে চিঠি আজ অবধি পড়া হয়নি কারও।

৭)বোধ

যতটা গভীর হলে রোগ,
সিগারেট জ্বলে ওঠে না ঠোঁটে।

৮)পোশাক

যতটা নদী ঢেকে রাখতে পারে জঙ্গল

৯)অন্ধকার

যাকে অস্বীকার করার স্পর্ধা আলোর ছিল না কবেও।

১০) মা

একটা ধূপকাঠি,
পুড়ে যাওয়ার পরেও যার সুগন্ধ বর্তমান।

১১) বাবা

মা'কে ছাড়া আর যাকে জড়িয়ে ধরেছি অন্ধকারে।

১২) শ্বাস

যার অনুপস্থিতির পর তোমাকেও মনে পড়বে না আর

বৃষসমৃদ্ধ বিষগহ্বর

১
এই টার বাঁক
বৃদ্ধি বৃহৎ ষাঁড়

কাছিম তোমার জন্য বাঁধা ঘর
চৌচির শুঁড় অথবা একলা একটা প্রহর

ঘুম গায়ে মেখে নিই
এ চাবুক সঞ্চয়

স্ত্রী-মুতের আড়ালে লুকিয়ে রাখি
ফেরেস্তার গামছা জোড়া
নেকলেস অথবা ঝুমকো শহর

২
এ বেহাগাগ্র স্তন
নিকানো ত্রিকোণ

সঙ্ সর্বাঙ্গে, দেহকোণ ভীষণ
রিপুজ্বার দেদার পরিচ্ছন্ন আবরণ

গাভীর আদলে ছাঁদা
এক-একটা পরীক্ষা শিল্পীর সচেতন
উড়াগ্লোব মার্ভিত ব্যাকরণ

শিক্ষাকে ভেঙেছে এমন বিষাদের নৌবণ

আমার প্রহর যতেক হয়
              দু-পাঁচটা ষাঁড়
দিন দুয়ে রোজ রাত চেয়ে নেয়

৩
তোমার এ বিভুতা প্রায়
              দক্ষিণী সেপাই'র স্পাই

সন্ধ্যা যতটা ভয়
তোমার সরেশ আচ্ছন্নের জয়

মেবার অবিচল চিটাগাং হতে চিৎ-ত বিকলাং
শরীরিণী হে সবই তো তোমারই
তৃতী এ তিতিক্ষা এমনই

বিষন্নে মেরেছ এমন, এ হ্রদ যেন আসন্ন ষোড়শী এখন

গ্রন্থের প্রথমে দেখিনি তাকে
              শেষমেশ লোহূ পরিতাপে
আসন্নে বিশ-হন্নে আর ষোড়শীর এক রাতে

৪

বিদুর ভক্তিতে ঠাসা
            কে যেন তবলা বাজায়

শুনে দ্যাখো এ রাগ রাগ নয়
গভীর আত্ম পরিণয়

যাদের রাতটি কাটে দিতাম'না তালে
রেওয়াজ অধম ভিখারি
তাদের এ বেঁচে থাকায় ক্রুর এশিয়া জ্বলে

দীক্ষাতে এতটা নিটোল বেমালুম গুরুর ভিতর ---

বিদুর যুক্তি ঠাসা
            ম্যামথের ক্লোন মাপা স্নায়বিক স্তরে
বংশ বিলোপ পায়, তবু আঙুলের ফাঁকে এক আণবিক
সুর শুধু তবলা বাজায়

কলঘর ও শস্যপেষা

বন্ধনের কলঘর যেমন হয়,
কেউ সে,
পাশ ফেরে,

কড়া নেই
তবুও সে কড়া নাড়ে

এবং আঙুল ধরে
এক বৃদ্ধার বৈভব স্পষ্ট হলে
খোলা চুলে বলে

কতকিছু খুলে যেতে নেই
খুলে দিতে নেই বসন্তে শস্যপেষা

লীনা

হয়তো কিছুই ঘটেনি, হয়তো অনেক কিছু
জটিল হয়েছে লীনা

নীল মেঘ, ভাঙা কামদুনি
এভাবেও লিখতে চেয়েছে কেউ?

হয়তো অপেক্ষা করছে, হয়তো না
একটা অঙ্ক কথা,
অন্য অঙ্গে প্রায়

অঙ্গে অঙ্ক লেগে
রোম থেকে লীনাকে দেখছে কেউ

নেই বলেই

গ্রাম্য বসে থাকা এই
দমনস্তির বক্তব্যহীনতা কাঁপাচ্ছি
এবং

অন্ত দমনের আমার এই অহং
অহং'ই প্রকরণ

বিমূঢ় আর তফাৎ নেই,
নেই বলেই তুমিও---

আর সেই অন্তহীন অপেক্ষার অন্তিম, অনন্ত হোক

জীবাণু বিগড়ে যাবে একদিন
জীব অণু ভাঙা
তেরঙ্গার ভোরঙ্গে,

অঙ্গে অঙ্ক ভেঙে ভোর
অঙ্কাঙ্গিক হবে এ তোরঙ্গ

আওয়াজ

সিলেবাস দেখছিলাম
তুমি নিরুত্তর ক্রমশ

ক্রমের বৈঠকে অংশহীন হতে ভাল লাগে
শ্রমের নিরিখে সংখ্যা আরও

চুপ থাকি
চুপ থাকা আবশ্যিক পূর্বশর্ত আমার
নীরব নদীর কাছে এসো
শব্দ শেখাবো তোমায়

কমার ভাগ্যে আজও
স্বরমদ গেয়ে গেয়ে
আজও বান্ধব ছাড়িয়ে আমি---

নীরব ফাঁকি

হিম

১

এই প্রশ্নচিহ্নগুলি উত্তরহীন রয়ে যাক, ক্ষতি নেই, তারপর যেন ফিরে না আসে আর কোনো জিজ্ঞাসু বৃদ্ধি, তুমুল মতান্তর আসুক, আমি হেরে যেতে চাই, তারপর যেন আর কোনো অন্তর না আসে অন্তরে, ব্যবহার ফেলে রাখবো আবার সম্পর্কও, ভুলতে না পারি তবুও ঠিক আছে, কখনো জড়িয়ে যেও না আর।

২

কি এক বেদনার জ্ঞান, অর্জন থেকে উৎপাদন, উৎস থেকে বিমূর্ত ক্রিস্টাল, মানুষের চেয়ে অসভ্য, অসভ্যের চেয়ে সভ্য, এভাবেই জড়িয়ে নিয়েছে জীবন আমাকে, হতাশা আর কি হয়, কাছিমের মতো সীমানা পেলে, এইমূহূর্তে আস্তিকও হয়ে যাব।

ঝুঁকি

ছিল বলেই তো এতটা বেখেয়ালি যাপন

---পেয়েছি নিজের ছদ্মবেশ

এই যাতায়াত,
এই বেঁচে থাকার সরল গাণিতিক অভ্যাস

তুমি বলার কেউ ছিল না বলেই
দাড়িগোঁফ কামানো হয়নি এতকাল।

অণুঘুম

এই যে খাট
        খাটোর উপর একটা বিছানা

আলাদাভাবে না বললে বোঝা যায় না
দাঁড়িয়ে থাকার ওজন, বিছানার চেয়ে বেশি

আমি মিশিয়ে মিশিয়ে বলতে শিখলাম
আমি প্রেমিক, অথচ প্রেমিকা নেই একটাও আমি
যাপন, অথচ জীবন নেই এক ফোঁটাও

আমি রাজনীতি নিয়ে কথা বলতে পারি
আমি নেপোলিয়ন সেজে মঞ্চ কাঁপাতেও পারি

অথচ এটা ফ্রান্স নয়
এখানে বিপ্লবের প্রয়োজন হয় না।
এখানে রোজ লাশ পড়ে
লাশের চৌদোলায় চেপে
আমি সিংহাসনে পৌঁছে যাই

চারপাশে তাকিয়ে দেখি

দেখার ভিতরে হাড়
দেখার উপরে লাশের পাহাড়
আর অণুঘুম মিলিয়ে যাচ্ছে শিরায় শিরায়

দেশ ও দ্বেষ

এই জড়ল দেশ
পহেচান স্মৃতির নির্মাণ গান্ধার

এই মেঘ
জন্ম দেয়, জন্ম দায়
পাখি উড়ে, মিশে যায়

একটা লগ্ন থেকে শুরু
একটা লগ্নে এসে শেষ

ইহকাল পরকাল,
এসব বকবাস রীতি

প্রথম প্রায়শ্চিত্ত এলে
মনে পড়ে, মনে মন পড়ে
রাতের নিবিড় নজর--

তুমি আসছ, আমি সরছি
তুমি সরছ, আমি মিশছি

প্রিয় গাছ কেটে কেটে
মানচিত্রে দ্বেষ ভরে দিচ্ছি

আমার উপরে শুধু আমি-ই

ছাতাপড়া দলিলে জড়ো হচ্ছে দীন
পোড়াছাতা দেখতে দুয়ারে প্রভাব
এরা বললে শোনা যায়---

রোজ যদিওবা বৃষ্টি হয়
সৃষ্টি এবং না

প্রথমত অ্যারো স্পেস দেবে টেলিস্কোপের
দ্বিতীয়ত অর্থনৈতিক কিছুটা
নিজেও সহায় হতে হয় নিজের
তৃতীয় বা চতুর্থ ওভারে ম্যাচ জিতে নিতে

এতক্ষণ যা কিছু সহ্য করলেন
তার বিপরীতে বসে আরেকটি পুরুষ

উড়ে যাওয়াটা বস্তুত সময়
যেখানে আমার উপরে শুধু আমি-ই

এখানে আমার মতো মানুষেরা জন্মায়
তৈরি হয় না কবেও

যে লেখা পাঠক ছাড়াই বাঁচে

১

কিন্তু বা সরল নয় সীমাবদ্ধ
কিন্তু বা ভাংচুর---

আমাদের এককাপ চাইব
মবলগ কলিচুন গলায় ঘড়ঘড় চড়াবো

উপরিউক্ত প্রবণতাগুলো নরম নেতার তেতো
নিরুক্ত তৈয়বের বক্তব্য এতো

কেন যে জটিল হচ্ছি
কেন যে ভুল হয়ে ফুটছি

এসো বারীণ, এসো স্বদেশ
আগামী সন্ন্যাসীর ধ্যানমৌন সবুজ দেখাও

আলোড়িত করেছে যে বা যারা
তাদের চরিত্রে ফুটছি অনেক

আর নীল নীল অপরাজিতারা ঝাঁপিয়ে উঠছে আমার
বুকে

ভুখা ধর্মী

এবং সে বালিয়াড়ি বিকেল

প্রেরণার প্রান্তে আসে
পরির অন্তে বসে
প্ররোচিত উৎস থেকে
নানিয়ম যত

গাড়িটি আসে, পাশাপাশি
আরেকটি প্রাচীন বেদনা বসে

উল্লেখ উলম্ব হলে
বেহিসেবী দর্পণও
সেঁধিয়ে সেঁধিয়ে দ্যাখে

পাখির পালক ছেঁড়া
মলিন চাদরে ভেজা
বিভোল আড়াল যত

ও গ্রাম

ও গ্রাম

তোমার সচেতন পাণ্ডুলিপিতে
বাহান্নটি কবিতা রেখে গেলাম

পড়ে দেখো
সময় পেলে ছিঁড়েও দেখো
কিন্তু কথা দাও দেখবে

যেদিন আমি হসন্ত রুদ্ধ হবো
সেদিন অন্তত দু'একটা পাতা ছিঁড়ে
উড়িয়ে দিও তোমার রাস্তায়

চিন্তা নেই
সেদিনেও বৃষ্টি নামবে খুব
একটা একটা শব্দ বৃষ্টি মুছে দিয়ে যাবে
আর আমি মিশে যাব তোমার মাটিতে

শুধু তুমি মনে রাখবে
আমারও ছিল বালিকার বাম হাত

চাদরে জড়িয়ে রাখা চেতনা

অতএব একা একটি (য়) বেকার

চাদরে জড়িয়ে চেতনা
নিজেকে যাদের বানানো
ঋ-কার তাদেরও আদরে ভাদর

ক্ষমতা ক্ষুদ্র অতি
না জানিয়েই আসে,
                যায়,
        অতিক্রম

বেদনা স্পৃহার অধিক কিছু না

বীজ পড়ে × বৃষ্টি হয়× হাওয়া বয় × রোদ ওঠে
= বংশধর জন্মায়

বীজ পড়ে × বৃষ্টি হয় × বন্যা আসে
= বংশলোপ পায়

অতএব

বীজের জন্য শুধু
একা বৃষ্টিপাত আবশ্যক নয়

নিহত চমৎকার

১
আহা অদ্ধ আকার
গন্ধে তার
ভোজন গর্ভের ত্যাক্ত পরি আর---

তার অ্যাক্সা
বিভীষিকা

২
মর্গের টলটলে
ঘামের ফোঁটার মতো তার দুধ
অল্প বেদনায়---

সরস অবোধ তার
পুরুষ

৩

নীর মান
ব্যোম থেকে ছুড়ে তার

রিশ রক্ত ও ---

সজ্জা একাই শুধু শয্যায়
ক্ষুধার্ত

৪

পাঁচালীর বালকের ভয়
লিঙ্গ লিঙ্গে অলস হয়
দূর যোগ আর---

বালক' এর ক ছাড়া
লিঙ্গ শ্মশান

৫

ভূমি কায় কেন
কায়া কী ধামার আধারী
নৃগোষ্ঠী শতাংশর ভারী---

বন্ধ বন্ধু
সবাই ফলাহারী

৬

সজীব'ঙ্ঈ এই তোতা
রাতের আয়রন

বেহেশত পাওয়ার চেয়েও বেশ্যার---

ভালবাসি তাই রক্ত বাঁচিয়ে তাকে
চরম চোষাই

৭
পর এই কর্ম
কালো টেপ, টেপাটেপি বর

বিদায়ী স্বয়ংসিদ্ধা

আর কি কোনো শ্রমিক তারা জাগে?
হঠাৎ রাতে আদর ক্ষুধা পেলে।
আর কখনও ইচ্ছে মেলা সাজে?
কবেও কোথাও নীলচে আলো পেলে।
আর কখনো অহর্নিশি বার্তা কাঁপে?
ফুরায় রাতি অপেক্ষাতে?

আমার কথা বলিস যদি,
বলবো আজও তপ্তঘুড়ি।
আমি এখন কষ্ট চোষা পাখি,
রাত পিয়াসী, ঘুম উড়িয়ে বাঁচি।
চোখ জুড়ালে বুঝতে পারি রাত বারোটা সাত,
মাঝ আকাশে শুধু জেগে মায়ের মতো ছাদ।

এখন যদি প্রশ্ন করিস তুই কোথাও নেই?
বলতে পারি ইচ্ছে উড়ান শেষ।
পুড়ছে না এ হৃদয় আজ আর
হাজার নিকোটিনে,

আলগোছেতে আজও বুঝি তোর কান্না ভেজা তল,
নিভৃত রাতের একলা আমি'র স্বয়ংকৃত জল।

বিদায় পালার পিছু ডাকিস
আমার কথা ভাবিস
মিথ্যে মায়ার মিথ্যে ছলন,
আজও কাঁদায় স্বয়ং নামক একটা জ্বলন!

হারামের তুড়িলাফ

অসম্ভব অবসাদ নিজের হতে হয়
যেভাবে আয়না হয়, নিজস্ব চুরমার

স্লেটের ভিতর থেকে যে স্লেজ গুড়িয়ে দিয়েছে কেউ
ধারের ভেতর কেউ নিষ্প্রভ করছে তার ব্লেড

স্বাভাবিক নেই কিছুই
অস্বাভাবিক ছাড়া কিছু ছিলই বা কখন!

তুড়িলাফ দিয়ে এসব পেরিয়ে যাব ভাবলেই
একটা হারামের অশালীন মুখ জ্বলজ্বল করে

জল-জল করবে একদিন আমি নিশ্চিত---

দীর্ঘ বিশ্রামের পর

১

দীর্ঘ বিশ্রামে লেখারা ক্রমশ অ-ঘোর হচ্ছে
সংকীর্ণ এই বেহায়াপনা
অনেক নয়,
সামান্যই প্রস্তাব---

২

প্রস্থের আসবাবে
আমি জ্বালানি উৎপাদন করবো
জলের আসামি বানাবো,
জলীয় হিংচে দিয়ে হিংসা লিখে
যারা সব এল
আসার পর গেল,
আমিও ছেড়েছি তাদের বহুতা ---

৩

এই সদ্য,
সরব হওয়ার আগেই ব্যবহার করে ফেলো
হাঁটতে হাঁটতেও তাকাচ্ছি না মানে
বুঝে নাও তোমার অহমিকার দুয়ারে,
আমিও ব্যবসায়িক তাচ্ছিল্যের বহিষ্কার রাখি
তোমার বার্নাবর্তে আমিও ভীম, অর্জুন তুলে---

বাঁচি।।

না জ্বলার প্রক্ষেপ

১
আমাকে নিয়ে ভীষণ উপদেশ রেখো না কেউ

কিছু বিকেলে
নিঃস্ব হয়ে যেতে ইচ্ছে হয় খুব

আমার জন্য
প্রথম
দ্বিতীয়
কিছুই রেখো না কেউ

কিছু তদ্বিত
প্রত্যয় নয়
বিশ্বাসে কালো দাগ লেগে আছে

দেখা যায়

২

এখন নিজের জন্য একটা সময় দরকার
নিজের জন্য একটা
রাস্তা
আমি পাতাকে পৃষ্ঠা বলতে পারি না
বৃষ্টিকে বিবেক বলি না

আমি জীবনকেও ছাপিয়ে গেছে যারা
তাদের কেউ হতে চেয়েছি সবদিন

জীবন
মেপে নিয়েছে

আমার নাতিশীতোষ্ণ প্রখর

তাতেই কি
আমি পাতার হয়ে
বৃষ্টির হয়ে
অক্ষরের হয়ে
এমনকি আমি জীবনের হয়েও দেখেছি

আমার লেখার কাছে
আমাকে প্রমাণ করার

কিছু নেই

ধন্যবাদ

যেভাবে প্রণাম ছুঁলে

এভাবে জঙ্গল গজিয়ে ওঠে সম্পর্কে

এভাবে নুইয়েছ মাথা

স্থির হয়ে গ্যাছে পাখি
রাস্তা ভুলেছে পথিক
অবাক হাওয়ায়
বিছিয়ে রেখেছে মসৃণ

www.ingramcontent.com/pod-product-compliance
Lightning Source LLC
LaVergne TN
LVHW091617170726
843492LV00007B/2464